LIVERDUN.

IMPRIMERIE DE LEPAGE.

LIVERDUN.

NOTICE HISTORIQUE.

PAR

HENRI LEPAGE.

J'aimais la tour verte de lierre,
Qu'ébranle la cloche du soir,
Les marches de la croix de pierre
Où le pèlerin vient s'asseoir....
VICTOR HUGO.

NANCY,

LIBRAIRIES CAYON, RUE STANISLAS; PEIFFER, PASSAGE ROYAL;
ET AU BUREAU DU JOURNAL DE LA MEURTHE.

M DCCC XLII.

LIVERDUN.

De toutes les bourgades qui environnent Nancy, celle que le chroniqueur, le poëte ou l'artiste visitent avec le plus de plaisir, c'est, sans contredit, celle dont nous allons esquisser l'histoire. Éloigné des grandes communications, caché par un épais rideau de montagnes et de bois, Liverdun semble avoir conservé quelques traces de la sauvagerie primitive : le soc de la civilisation n'a pu mordre encore qu'à demi dans cette terre pierreuse, et, comme le sol, le caractère de ses habitants est resté tant soit peu dur et rocailleux.

C'est pour cela, sans doute, que nous aimons ce pèlerinage par-dessus tous les autres. Blasés sur les merveilles que le progrès fait éclore chaque jour, chaque heure, presque à chaque instant sous nos pas, c'est pour nous une joie indicible que de nous voir ravis à notre existence triste et uniforme ; nous éprouvons une ineffable jouissance à passer du spectacle de la nature perfectionnée au spectacle de la nature enfant. Nos pieds, qui se traînent lourdement sur le pavé des villes, deviennent plus agiles et plus forts pour gravir une colline escarpée ; il y a plus d'air dans nos poumons, notre cœur se dilate plus librement, et nos pensées, pareilles aux oiseaux du bon Dieu, s'envolent à tire d'ailes dans l'espace infini des douces chimères, des radieuses illusions. L'homme, si souvent chargé d'ennuis, se sent alors renaître ; le vent joyeux des campagnes chasse les sombres nuages de son front, comme, à notre réveil, le souvenir des mauvais songes s'efface au sourire d'un objet aimé.

Lorsqu'après avoir traversé Champigneulles, l'élégant village, dont Charles II a immortalisé le nom (1), dépassé Bouxières, si riche en saintes et merveilleuses légendes ; lorsqu'après avoir franchi Frouard, dont la forteresse renversée montre à peine quelques informes débris, et laissé Pompey derrière soi, le voyageur entre dans la charmante vallée que baigne la Moselle, il semble transporté tout-à-coup dans un nouvel univers. D'un côté, c'est une longue montagne couverte d'arbres à travers lesquels se montrent, par intervalles, comme les ruines d'un château détruit, quelques énormes blocs de rochers bizarrement taillés ; de l'autre côté, ce sont de vertes prairies, des champs fertiles qu'entoure une ceinture de bois. Et puis, pour égayer le passage, s'élève, sur le bord de la rivière, cette délicieuse habitation qu'on nomme le Châlet, réalisation d'un beau rêve de propriétaire artiste (2), et qui rappelle les agrestes demeures des habitants de l'Helvétie ; séjour tranquille où la vie doit couler calme et heureuse au bruit des eaux, au murmure des arbres de la forêt. Enfermé dans ce vallon silencieux que l'on prendrait plutôt pour un tableau né de la fantaisie d'un peintre que pour une nature vivante, vous adressez du fond du cœur une prière à la Fortune qui permet aux élus de ce monde d'aller dresser leurs tentes là où le ciel est plus bleu, l'air plus pur, la

(1) Cette note, à cause de sa longueur, a été renvoyée à la fin.

(2) Le Châlet appartient à M. Favier-Gervais, de Nancy.

terre plus émaillée de fleurs; vous concevez les champêtres amours des bergers d'Ausonie, et vous répétez involontairement quelques strophes du poëte chéri dont les vers harmonieux caressèrent autrefois votre oreille... Comme les idées doivent être fraîches et couleur de rose au sein de cette paisible solitude; comme les pensées du soir y doivent avoir quelque chose d'aérien, de céleste, lorsque la lune, éclairant le tableau de sa mélancolique lumière, se mire dans les ondes de la Moselle, et que les bois, enveloppés dans l'ombre, parlent à voix basse leur mystérieux langage!...

Enfin vous tournez la montagne... Devant vous, le bois s'arrondit en amphithéâtre et sert de guirlande à la rivière qui reflète la cîme de ses arbres; une clairière laisse arriver le jour sur ce coin du tableau; là, sur les bords du fleuve et de la forêt, les pieds dans l'eau, les bras dans l'ombre, le front resplendissant au soleil, s'élève une jolie maison de campagne, la rivale du Châlet, mais moins poétique que lui (1). On dirait une de ces grandes dames qui prennent pour un jour la houlette et le chapeau de bergère; elles conservent des diamants à leurs doigts, une chaîne d'or à leur cou; on les reconnaît à leur regard fier et superbe, et si vous osiez leur prendre la taille, elles vous

(1) A l'époque où cette notice a été écrite, la maison de maître du Châlet n'existait pas encore.

feraient, d'un geste, tomber à leurs genoux. Ainsi, en voyant ce château, que la divinité de ces lieux semble avoir enfanté d'un coup de sa baguette, vous vous dites : C'est la demeure du riche ! Il n'y a que quelques années cependant, à cette même place, s'étendait un immense tapis de gazon ; c'était là que faisaient halte les caravanes joyeuses venues de la ville ; c'était là que les pèlerins déposaient leur bâton et secouaient la poussière de leurs sandales. Que de fois, l'herbe qui a maintenant disparu, servit de table à d'agrestes festins ; que de familles patriarcales s'y sont assises autour d'un repas frugal et délicieux ; que d'enfants ont foulé de leurs pieds insouciants la terre de ce paisible Eden ; que de jeunes filles y ont dansé sur des fleurs, passées et flétries, hélas ! comme elles passeront et se flétriront aussi quelque jour, au souffle glacé du temps, au vent des passions, aux orages du cœur !.. Bien des pensées, des souvenirs, des espérances sont venus s'asseoir sur le banc de mousse qui n'est plus ; ici peut-être, à côté de la fleur des champs, est éclose une tendre fleur d'amour ; là, des doigts ont effeuillé une à une les pétales de la blanche marguerite et en ont consulté l'oracle trompeur ; plus loin, une main tremblante a détaché de sa tige cette autre fleur emblématique, si chère aux amants, et dont le nom est trop souvent un mensonge ! Si ces arbres, sous lesquels il ne nous est plus permis de nous abriter maintenant, pouvaient trouver une voix, que de sentimentales histoires, que de charmants mystères ils nous raconteraient! Et si, sortant de leur tombeau, les morts couchés sous les décombres de la vieille citadelle, avaient pu assister au spectacle qui se passait devant eux, ils auraient vu des groupes heureux danser à l'endroit même où ils ont combattu, sourire à la vie là où ils ont rencontré le néant!.. Contraste bizarre qui se trouve à chaque pas : le présent s'ébat follement près du passé dont on garde à peine la mémoire, puis, à son tour, le présent passe et va s'ensevelir dans le linceul de l'oubli, sans emporter seulement une larme, un mot d'adieu.....

Levez à présent les yeux : voilà Liverdun qui vous apparaît, juché sur la cîme de son rocher comme un oiseau sur la dernière branche d'un arbre. Des murs à demi-croulés et dans lesquels poussent des plantes sauvages, une tour en ruines, toute tapissée de lierre et qui sert maintenant d'habitation à quelque pauvre villageois, c'est tout ce que, au premier aspect, vous découvrez de l'antique forteresse. Mais gravissez le chemin qui côtoie le village ; dites, en passant, une prière sur les marches de la chapelle de la Vierge (1), puis venez vous accouder sur le parapet qui protége la route, et, de là, contemplez le spectacle vraiment magnifique qui s'offre à vos regards : une immense vallée,

(1) Notre-Dame-du-Bel-Amour : *mater pulchræ dilectionis*.

moitié champs, moitié prairies, s'étend à vos pieds à perte de vue : de la hauteur où vous êtes placé, vous voyez la Moselle sortir de l'horizon, se dérouler dans la campagne, puis venir bouillonner au-dessous de vous, se briser contre d'énormes pierres, se partager en plusieurs bras qui forment autant d'îlots plantés de saules et de peupliers, puis disparaître en s'engloutissant sous les roues du moulin dont vous entendez le tic-tac champêtre ; à gauche, des forêts, à droite, une colline, encadrent encore le paysage : c'est riant et pittoresque, sauvage et gracieux ; c'est une nature vierge qui ne craint pas de montrer ses trésors ; c'est une jeune fille qui laisse tomber négligemment ses cheveux, et qui, dans sa naïve candeur, met à nu ses épaules et son sein.

Mais franchissons le seuil de la pauvre ville qui ne sert plus que de but à d'innocents pèlerinages ; passons sous la porte (1), veuve, depuis bien longtemps, de sa herse et de son pont-levis ; asseyons-nous et évoquons les souvenirs...

Cette bourgade, qui n'a rien conservé de sa grandeur passée, fut toujours regardée, dit D. Calmet, comme une forteresse importante, par sa position sur une éminence et sur une espèce de rocher à pic, si-

(1) Il existe encore à Liverdun deux portes d'une architecture fort ancienne, au-dessus desquelles étaient représentés un filet et un fusil, pour indiquer que la ville jouissait du double droit de chasse et de pêche.

tué sur la Moselle, et très-propre à arrêter les ennemis de ce côté; elle était le chef-lieu d'une prévôté et châtellenie appartenant au temporel de l'évêché de Toul. Le bourg était bâti plus bas que le château; celui-ci, du lieu qu'il occupait d'abord, et que nous ne connaissons pas, fut transféré sur le plus escarpé du rocher, à l'endroit où nous en voyons maintenant les ruines.

Quoique l'on ne sache pas la date précise de l'origine de Liverdun, tout donne à penser qu'elle remonte à une époque très-éloignée. Son nom latin est *Liberumdunum* ou *Liberdunum*, qu'il ne faut pas confondre avec *Liberumdonum* (Libdo), commanderie de l'ordre de Malte, très-ancienne, qu'habitèrent les Templiers, et située aussi dans le pays Toulois. Il est certain que Liverdun existait du temps des Romains (1), quoiqu'il ne soit pas compris dans l'énumération faite par Antonin et Ptolomée des villes de ce pays: « Car, dit Benoît, dans son *Histoire de Toul*, Ptolomée n'a apparemment voulu parler que des plus recommandables ou de celles qu'on appelait cités, et Antonin que de celles

(1) On présume que César y conduisait ses troupes en quartiers d'hiver : le nom de Saizerais, village situé dans les environs, semble venir de ces deux mots : *Cœsaris castra* (camp de César). On y a trouvé, en fouillant la terre, des boucliers, des cuirasses, des instruments de guerre. On voit, à Jaillon, les vestiges d'un camp romain; on a découvert, dans cet endroit, beaucoup de médailles frappées au coin de l'empereur Posthumius. D'Aingeray à Saizerais, on distingue aussi l'enceinte d'un autre camp fortifié, dont les ruines ne sont pas encore entièrement ensevelies.

qui se trouvaient sur les grandes routes dont il représente la suite. C'est peut-être pour ce ce motif que ni l'un ni l'autre n'ont rien dit de la forteresse de Liverdun en particulier, bien qu'il y ait lieu de croire qu'elle est aussi ancienne que quelques-unes des autres villes, et que les Romains l'avaient bâtie sur la Moselle pour défendre le passage de cette rivière. Au moins cette place était-elle déjà considérable vers la fin du IV.e siècle. »

Dès l'an 360, le nom de Liverdun devient populaire, il s'écrit en caractères ineffaçables dans les premières pages de notre histoire, et se rattache à l'établissement du christianisme dans nos contrées. S. Eucaire, martyrisé près de Pompey par les ordres de l'empereur Julien, porte lui-même son chef à Liverdun, dont il devint plus tard le patron. Nos historiens racontent diversement la légende miraculeuse de ce premier martyr du pays Toulois ; les uns le font évêque de Gran (1), les autres de

(1). On donne, comme preuve de l'épiscopat de S. Eucaire à Gran, ce verset qui se trouve dans des missels et bréviaires de l'évêché de Toul :

Sanctum tamen Eucarium
Ac virtutum opificem
Urbs Grandis et confinium
Habuit in pontificem.

Mais, selon nous, la version la plus digne de foi est celle qui dit que S. Eucaire fut tout simplement directeur des écoles de Toul, apôtre éloquent du christianisme, et l'un des hommes qui, à cette époque de barbarie, contribuèrent puissamment à répandre les lumières de la civilisation et à porter le flambeau de la foi dans les ténèbres du paganisme et de l'idolâtrie.

Toul, les derniers enfin lui donnent simplement la direction des écoles épiscopales de cette ville. Il n'y a rien non plus de positif sur sa naissance ; ceux-ci le font naître à Gran, ceux-là le font originaire du diocèse de Châlons, et disent qu'il était officier des troupes et homme de guerre, fils d'un roi de Châlons ou de Catalogne, nommé Baccius, et de Lientrude, sa femme. Une inscription en lettres gothiques, qu'on lit à Liverdun, sur une pierre, dans le mur, au-dessus du tombeau du saint, le fait évêque de Gran et dit qu'il fut mis à mort près de Pompey (22 avril 362) avec deux mille deux cents autres chrétiens dont il était comme le chef et l'exemple ; qu'après sa mort, il porta lui-même son chef à Liverdun, où il fut enterré. Voici cette inscription :

L'Ami de Dieu, et vrai martyr Eucaire,
Jadis de Gran évêque débonnaire,
Noble du sang de Baccil réal,
L'an de salut trois cent soixante-deux égal,
Par Julien, jadis empereur des Romains,
Dit l'Apostat, pour ses faits inhumains,
Fit mettre à mort par Vandres et par payens,
Vingt-deux cents chevaliers chrétiens,
Près de Pompein, au lieu qu'on dit Aux-Tombes;
Des dessusdits le benoit S. Eucaire
Etoit guidon, miroir et exemplaire.
Par grâce de Dieu son chef il apporta
A Liverdun, comme sa vie le témoigne, etc.

On voit, dit D. Calmet, au-dessous de Pompey, au

lieu où l'on croit que le saint souffrit le martyre, un hermitage avec une chapelle, au-dehors de laquelle, près de la porte, on lit deux inscriptions, l'une latine, l'autre française, toutes deux en lettres gothiques, et apparemment du XIIIe ou du XIVe siècle; les voici:

Ex Catalauniæ regis prosapia Baccii et Lientrudis editi sunt nobilissimi sancti que suscripti; videlicet S. Eucharius, S. Eliphius, S. Libaria, S. Susanna, S. Menna, S. Oda et S. Gertrudis, quorum dignis suffragiis et gloriosis meritis cum ipsis associemur in cœlis. Hi felices prelibati Juliani gladio sunt truncati (1).

Pour l'amour du Créatour,
Ici en cest lieu, et à l'entour,
Nobles Barons, chevaliers,
Et champions de la foi,
De la vie éternelle ayant soif,
Desquels le mirouër et exemplaire
Etoit Monsieur S. Eucaire,
Par Vandales, Sarrasins et payens,
Etant avec l'Apostat Julien,
Vingt-deux cent par nombre,
Sont ici mis en comble,
En l'an trois cent soixante-deux,
Le X de la Calende de May.

(1) D'après cette inscription, Elophe, Libaire, Suzanne, Manne, Ode et Gertrude seraient frère et sœurs de S. Eucaire.

Ruyr, dans ses *Antiquités des Vosges*, rapporte une légende tout-à-fait romanesque sur sainte Manne, qu'il dit avoir été la plus jeune des filles de Baccius.

On voit encore, au-dessus de Liverdun, sur le chemin de Saizerais, une grande croix en pierre, portant un bas-relief informe, qui représente, d'un côté, un homme à cheval semblant porter sa tête sur sa poitrine, et de l'autre, Jésus-Christ entre les deux larrons; à cette croix est, autant qu'il nous a été possible de le distinguer, le millésime 1289.

Saint Eucaire n'est pas le seul apôtre dont la mort ait été accompagnée de circonstances merveilleuses; comme lui, saint Elophe, dont nous avons parlé, et saint Livier, près de Marsal (25 novembre 406), renouvelèrent le miracle qui a immortalisé saint Denys (1).

On dit que c'est à la protection du martyr de Pompey que Liverdun dut son salut lorsque les Vandales (2) vinrent l'assiéger; et ne serait-ce pas dans la

(1) Eucaire est le patron de plusieurs églises de notre province, et un des anciens monastères de Trèves avait été bâti sous son invocation.

(2) Nos historiens veulent parler, sans doute, de l'irruption des Huns dans les Gaules, sous la conduite d'Attila (451). Ce farouche conquérant vint, à la tête de cinq cent mille hommes, mettre le siége devant Metz. Mais, trouvant cette ville trop bien fortifiée, il se replia sur Scarpone, qu'il détruisit. On raconte que, tandis qu'il l'assiégeait, les muraillesde Metz tombèrent tout-à-coup d'elles-mêmes, et qu'Attila, y ramenant ses troupes, la livra au pillage et à la dévastation. Dans cette expédition, il ruina aussi complétement la ville de Verdun. (D. Calmet. *Histoire de Lorraine*, t. 1.) Selon quelques écrivains, ce fut Crocus, roi des Vandales, qui fondit sur notre province, et dont les armées y commirent de si épouvantables ravages. (D. Calmet, pr. 276.)

vallée de Liverdun que furent défaits, en janvier 367, les Allemands par les troupes de Valentinien, que commandait Jovin? Ce général, après les avoir battus à Scarpone, s'avança, racontent les historiens, jusqu'à une vallée couverte d'arbres, d'où il découvrit les ennemis, dont les uns se baignaient, les autres se roussissaient les cheveux à leur manière, les autres s'amusaient à boire. Il les attaqua à l'improviste, força leur camp mal fortifié, les dispersa et en tua plusieurs, sans qu'ils pussent se rallier ni se mettre en bataille. Les autres se sauvèrent comme ils purent, par des sentiers serrés et tortus. Ce combat, dit Ammien Marcellin, se livra non loin de Scarpone, sur la même rivière. Ceci est une simple conjecture, qu'en l'absence de preuves, nous ne pourrions soutenir; mais la description des lieux peut, ce nous semble, fort bien autoriser cette supposition.

Dagobert, devenu roi d'Austrasie par la cession que lui en avait faite Clotaire II, augmenta considérablement les biens de l'église de Toul : il accorda à l'évêque Teudefrid, pour lequel il professait beaucoup d'estime, les châteaux de Vicherey et de Void, la forteresse de Liverdun, la maison de Royalmeix, le bourg de Blénod, et un grand nombre de villages et de terres qui formèrent depuis le domaine de l'évêché et celui du chapitre de la Cathédrale. Pour mieux assurer à l'église de Toul la possession et la libre jouissance de tous ces biens, Dagobert lui donna un ban royal, c'est-à-dire un ter-

rain franc, de quatre lieues de longueur sur autant de largeur, qu'il exempta pour toujours d'impôts, de tailles et de subsides, voulant que la juridiction en fût attribuée aux évêques seuls, et faisant défense expresse aux comtes de s'immiscer dans l'exercice de leur justice, et d'élever aucun château ou forteresse dans toute l'étendue de ce ban. Ces donations et concessions de priviléges et de droits furent confirmées par une charte de Charlemagne, de l'année 804, par une autre d'Arnould, roi de Lorraine, de 894, et par une troisième de Frédéric II, roi des Romains, datée de 1225. Plusieurs papes corrobèrent encore, par des brefs ou par des censures, ces mêmes droits ou donations (1).

C'est à cette époque que remonte l'origine de la puissance temporelle des évêques de Toul, puissance dont le cercle s'agrandit tellement, dans le cours du dixième siècle, que, de simples seigneurs suzerains qu'ils étaient sous Dagobert Ier, n'ayant aucune autorité dans leur ville épiscopale, où un comte commandait au nom du Roi, ils devinrent princes souverains, relevant seule-

(1) Ainsi que l'observe M. Thiéry, dans son *Histoire de Toul*, il ne faut pas confondre l'évêché de Toul avec le *diocèse de Toul:* le diocèse comprenait tous les pays sur lesquels s'étendait la juridiction spirituelle de l'évêque, quelle que soit la nation à laquelle aient appartenu les populations qui y étaient soumises; tandis que l'évêché était seulement formé du territoire régi civilement par l'évêque comme prince temporel. L'évêché était pour l'évêque ce que sont les Etats de l'Eglise pour le pape, et le diocèse, ce qu'est pour le même le monde catholique.

ment des empereurs d'Allemagne, et réunirent dans leurs mains, au pouvoir spirituel, le pouvoir politique sur la ville de Toul, aussi bien que sur tous les villages et sur toutes les terres de l'évêché (1).

Dans le commencement, Liverdun appartenait donc à la France, ou plutôt faisait partie du domaine des rois d'Austrasie. Nous verrons qu'il devint, par la suite, comme un lieu d'asile pour les prélats toulois durant les tempêtes populaires qui assaillirent si souvent leur trône épiscopal.

(1) Sous l'épiscopat d'Arnald, plusieurs comtes, redoutables dans le pays, s'emparèrent de l'abbaye de Saint-Epvre et élevèrent des forteresses sur le ban libre de l'Eglise de Toul. Arnald en porta ses plaintes au roi Arnoul, qui fit venir ces comtes à Worms, les contraignit à demander devant lui pardon à l'évêque, et les condamna à payer au prélat sept cents livres d'argent (environ 49,500 francs) pour indemnité. Arnoul ordonna, en outre, que les forteresses bâties par ces seigneurs seraient rasées jusqu'aux fondements, et il renouvela à Arnald le privilège de Dagobert, par lequel il était défendu à qui que ce soit de construire ni forteresse, ni château, dans l'étendue des quatre lieues qui formaient le ban royal de Toul, *à l'exception de la forteresse de Liverdun, qui était le boulevard de cette cité, et un lieu de paix, qui avait résisté au siége et à la fureur des Vandales, et où était honoré le saint martyr Eucaire* (*).

(*) Antiquam libertatem à glorioso rege Dagoberto, nos corroborando perpetuo observare præcipimus, scilicet ut infrà quatuor leucas ab urbe Tullensi nulla munitio castellaris ædificata maneat, exceptâ immunitate Liberduni, quod proprium tutamen civitatis est, et locus pacis, in quo sanctus Eucharius martyr veneratur, et obsessus à Vandalis remansit indestructus. Ubi Deus, excitando potentiam suam, salvos fecit multos, et Vandali passi ruinam magnam perierunt propter iniquitates suas. (*Histoire de Toul.*)

On dit que saint Gauzelin, évêque de Toul, qui vivait au Xe siècle, tira les reliques du martyr saint Eucaire de son premier tombeau, et les exposa à la vénération publique dans l'église paroissiale de St.-Pierre de Liverdun. Mais, ajoute D. Calmet, je ne trouve pas cette particularité bien prouvée. Il y a apparence que, bien avant saint Gauzelin, le corps de saint Eucaire reposait à Liverdun.

Voilà les seules particularités que les historiens de la Lorraine nous aient transmises sur les premiers temps de l'existence de Liverdun. C'est ce que nous appellerons sa première période. Les Romains en jetèrent-ils les fondements? existait-il déjà avant leur entrée dans les Gaules? nous ne pouvons le préciser. Nos archéologues n'ont pas, que nous sachions, porté le flambeau de leurs investigations sur cette bourgade longtemps oubliée au milieu des bois, et pour qui une vie nouvelle se prépare. Quelques-uns vous disent bien, en montrant les hauteurs qui la dominent et qui se prolongent jusqu'à la route de Metz: là fut un camp romain; mais rien n'établit la date certaine de la fondation de Liverdun.

C'est sur ce titre que l'on s'appuie pour établir l'ancienneté de Liverdun; c'est aussi une preuve de l'importance dont jouissait déjà cette ville lors de l'invasion des Barbares dans le pays des Leukes.

Nous citerons fréquemment, dans le cours de cette Notice, l'ouvrage de M. Thiéry; il est rempli de particularités intéressantes, et nous nous plaisons à rappeler ici l'éloge que nous en avons fait autrefois.

Longuerue, dans sa *Description de la France*, dit que Liverdun doit son origine à Pierre de Brixey, évêque de Toul, qui y fit bâtir un château et y fonda une collégiale et un chapitre vers 1179; mais nous avons vu que cette forteresse est beaucoup plus ancienne, puisque Dagobert, roi d'Austrasie, la reconnaît pour le boulevard de la ville de Toul.

Au moyen-âge, seconde période de son existence, nous voyons Liverdun prendre une physionomie plus distincte, et son nom se trouve mêlé fréquemment à l'histoire du pays Toulois.

Outre les prérogatives accordées à l'évêché de Toul par le roi Dagobert, l'empereur Frédéric-Barberousse concéda à ses prélats, dès 1168, le droit de frapper monnaie à Liverdun.

Il paraît que cette forteresse, ruinée en partie durant les guerres qui désolèrent la Lorraine sous le règne des prédécesseurs de Mathieu Ier, avait été presque abandonnée par les évêques de Toul et servait de refuge aux bandits de la province et aux proscrits de l'évêché de Verdun.

Pierre de Brixey, qui avait succédé, en 1167, à Henri de Lorraine sur le trône pontifical de Toul, sentant de quelle importance était pour lui la forteresse de Liverdun, résolut de la rebâtir (1176). Mais, ne trouvant pas la situation du château tout-à-fait convenable, il voulut le faire élever à cent pas plus loin, dans un endroit plus commode et moins accessible. L'évêque de Verdun, Arnould, et Simon, duc de Lorraine, s'y opposèrent, le premier à cause de son château de Dieulewart, qui en était proche, le second à cause de celui de Nancy, qui n'en était pas très-éloigné; ils craignaient l'un et l'autre que le voisinage de Liverdun ne leur portât quelque préjudice. Mais Simon de Commercy, parent de Pierre de Brixey, s'employa auprès du duc et de l'évêque pour les faire se désister de leur opposition. Arnould consentit au rétablissement du château, à condition que l'évêque de Toul s'engagerait par serment à n'y jamais donner retraite aux bandits et aux proscrits de son évéché; d'un autre côté, le duc Simon et la duchesse Berthe, sa mère, écrivirent à Pierre de Brixey une lettre très-obligeante, dans laquelle ils témoignaient qu'en considération des bons offices qu'il avait rendus au duc Mathieu (1) et de l'attachement fidèle et constant qu'il avait témoigné en toutes rencontres pour leurs intérêts, ils consentaient qu'il rétablît la forteresse de Liverdun, et promettaient de n'y apporter aucun obstacle.

Ce fut apparemment après cet accord que Pierre de

(1) Lorsque Mathieu de Lorraine, frère de Simon II, devint comte de Toul, par son mariage avec Béatrix, sa cousine, il voulut faire revivre les droits dont avaient joui ses prédesseurs; les chanoines s'y opposèrent; de là prise d'armes de part et d'autre; les chanoines vaincus ex-communièrent Mathieu, qui continua de ravager leurs terres et de piller leurs vassaux. Enfin Pierre de Brixey offrit sa médiation et parvint à réconcilier les deux parties.

(Henriquez, *Hist. de Lor.*)

Brixey entreprit le voyage de la Terre-Sainte, où il avait à accomplir un vœu ; il laissa, en partant, une grosse somme d'argent (*thesaurum magnum*) à quelques-uns des siens, afin qu'ils l'employassent à fortifier le bourg de Liverdun, les menaçant de la malédiction de Dieu et de la sienne s'ils la détournaient de sa destination ; mais les intentions de l'évêque ne furent pas remplies, et ses serviteurs infidèles s'approprièrent l'argent. On dit que la malédiction du ciel tomba sur leurs têtes, ou, ce qui est bien plus probable, que leur maître les punit du vol dont ils s'étaient rendus coupables envers lui (1).

A son retour de Jérusalem, Pierre de Brixey put enfin accomplir ce qu'il avait projeté. Il rebâtit le château de Liverdun (1182), y fit creuser un puits et y fonda (1188), en l'honneur du bienheureux martyr saint Eucaire, une collégiale, qu'il composa d'un prévôt, d'un doyen et de quatre prébendes. Cette fondation fut confirmée par le pape Luce III, à la demande des chanoines. Dans les titres d'établissement de la collé-

(1) *Liverdunum castrum reædificavit et puteum in eodem fodi jussit, et canonicos ibidem primus imposuit. Iste per locum dominicæ passionis adire cupiens, quia ex voto habebat, votum adimplens, Deo adjuvante, Ierosolimam pervenit, magnum etiam thesaurum aliquibus ex suis dimittens ad claudendum et firmandum burgum de Liverduno, maledictionem Dei et suam imprecans, si dictum thesaurum in usus alios convertissent : quod non fecerunt ; imò præfatum thesaurum in usus suos converterunt, et sic ipso maledictio super ipsos descendisse dicitur.* (D. Calmet, pr. p. 180.)

giale de Liverdun, ce bourg y est appelé *antiquissimum castrum* (1).

Roger de Marcey, 50.e évêque de Toul, qui mourut à Liverdun en 1252, reçut sa sépulture dans l'église de cette ville : une épitaphe en vers latins, gravée sur son tombeau, fut destinée à perpétuer le souvenir de ses vertus.

Gilles de Sorcy, l'un des successeurs de Pierre de Brixey, fit faire une châsse précieuse où il enferma les reliques du saint. La translation de ces restes vénérés eut lieu en présence de ce qu'il y avait de plus distingué dans le diocèse : le duc de Lorraine, Ferri III, et Marguerite de Navarre, son épouse, y assistèrent en grande pompe, avec toute la noblesse du pays. Cette cérémonie se fit le 27 du mois d'avril 1261. Mais, en 1587, l'armée protestante étant entrée dans Liverdun, des soldats s'emparèrent du superbe reliquaire qui couvrait les os du bienheureux martyr, arrachèrent les plaques d'argent qui le couvraient, et le brûlèrent ensuite avec ce qui y était renfermé (2).

Durant l'espèce d'interrègne qui sépara les deux épiscopats de Gilles de Sorcy et de Conrad Probus, les partisans de Gauthier de Beaufremont, qui était son

(1) Pierre de Brixey accorda de nombreux priviléges aux chanoines de la collégiale de Liverdun ; ils sont énumérés dans la charte de fondation rapportée au long dans D. Calmet, pr. p. ccccj.

(2) *Notice de Lorraine.*

compétiteur, concurremment avec Jean de Lorraine, armèrent leurs vassaux et s'emparèrent des forteresses de Liverdun, de Brixey et de Mézières; mais le duc de Lorraine marcha bientôt contre eux et leur reprit les forteresses de l'évêché.

Enfin Conrad Probus (1272) ayant été nommé évêque de Toul (1), le nouveau prélat fit son entrée dans sa ville épiscopale, après avoir fait alliance avec Ferri III, duc de Lorraine, Mathieu II, comte de Bar, et reçu de l'empereur Rodolphe l'investiture du temporel de son évêché. Conrad, soutenu par les troupes de Lorraine et de Bar, manda le maître-échevin et les magistrats de Toul, et leur ordonna de faire justice des bourgeois séditieux qui, pendant la vacance du siège, avaient pillé le trésor des chartes, démoli le palais épiscopal et mis en prison quelques chanoines.

Les magistrats, au lieu de répondre, sortirent brusquement de la ville, assemblèrent le peuple et résolurent de faire la guerre à l'évêque. Ils appelèrent à leur aide les villes de Metz et de Verdun; de son côté, Conrad se prépara à la guerre. Il conseilla aux chanoines de se retirer à Vaucouleurs et d'y transporter l'office, mit la ville en interdit, fortifia sa maison qui donnait sur les murs, qu'il fit ouvrir afin de pouvoir se re-

(1) Conrad Probus fut le premier des évêques de Toul nommés directement par le pape. Jusqu'alors leur élévation au trône épiscopal avait eu lieu par voie d'élection du chapitre. (*H. de Toul.*)

tirer au besoin ou faire entrer du secours. Le duc de Lorraine lui envoya cent cinquante *cuirassiers*, ainsi qu'il en avait été convenu par un traité passé entre eux ; mais cette troupe fut surprise et faite prisonnière par les bourgeois ; Ferri en envoya d'autres qui vengèrent leurs camarades et battirent les révoltés dans une sortie.

L'animosité avec laquelle les habitants de Toul faisaient la guerre , fit prendre à Conrad la résolution de se retirer dans sa forteresse de Liverdun. Pendant son absence, les Toulois élevèrent, près de la maison épiscopale, une tour fort haute, qu'ils nommèrent par dérision la Gloriette ou Qui-qu'en-grogne. Cette tour fut détruite en 1700.

Cependant les chanoines étaient passés de Vaucouleurs à Blénod, et les bourgeois, maîtres de la ville, n'épargnèrent pas leurs demeures, dont ils ruinèrent une partie.

Conrad , privé des secours du duc de Lorraine et du comte de Bar, qui avaient eu besoin de leurs forces pour combattre d'autres ennemis, restait toujours enfermé dans sa forteresse de Liverdun. L'évêque de Bâle fut le seul qui put lui prêter 1,200 livres.

Quelques mois s'étant écoulés, l'évêque passa un traité secret avec Thomas, fils du comte de Blâmont, et princier de l'église de Verdun, par lequel ce dernier promit de lui fournir quarante hommes bien armés, qui seraient joints à un pareil nombre que Conrad rassemblerait, et dont Thomas prendrait le commandement. En même temps, l'évêque s'occupa de pratiquer des intelligences dans la ville, à l'aide de quelques amis dévoués, et tâcha de préparer ainsi les moyens de s'y introduire avec plus de facilité. Une surprise allait donc être tentée contre les bourgeois: les soldats de l'évêque devaient entrer nuitamment dans Toul par la porte pratiquée récemment dans le rempart, derrière le palais épiscopal, et que les domestiques du prélat, restés en ville, avaient ordre d'ouvrir. La veille de Saint-Mathieu de l'année 1284, Thomas et ses quatre-vingts hommes arrivèrent sur le bord du fossé, un peu avant minuit; des radeaux furent promptement disposés, et déjà les assaillants touchaient le pied des murailles et allaient pénétrer dans le palais, lorsque les bouchers, prévenus les premiers par le guet qui avait découvert à temps les projets de l'ennemi, accoururent armés de leurs larges couteaux, et massacrèrent les soldats de Conrad, au fur et à mesure qu'ils sortaient de la poterne. Ceux qui échappèrent à la mort et qui voulurent prendre la fuite, furent faits prisonniers par les bourgeois qui étaient sortis de la ville pour les cerner, et à peine s'il en resta un petit nombre pour porter la nouvelle de cette défaite à Liverdun. Thomas, le chef de la troupe ennemie, eut la cuisse percée d'une flèche, et fut traîné captif dans la ville. Les bourgeois, plus irrités que jamais contre leur évêque, après cette attaque imprévue, chassèrent de son palais ses officiers et ses domestique, et forcèrent tous les chanoines à quitter Toul et à se retirer à Blénod (1).

C'est à ce fait que quelques légendaires rattachent le prétendu miracle de la *Vierge au pied d'argent.*

Enfin, l'évêque ayant obtenu des secours des évêques de Strasbourg et de Metz, contraignit les bourgeois à lui demander la paix, qu'il ne leur accorda qu'aux conditions les plus humiliantos, et rentra dans sa ville épiscopale.

Sous l'évêque Thomas de Bourlémont (1330-1353), Isabelle d'Autriche, régente de Lorraine pendant la minorité de son fils Raoul, s'était emparée du château de Liverdun et l'avait fait ruiner pour se venger des ravages que les troupes de l'évêque de Toul avaient faits en Lorraine. Quelque temps après, Thomas de Bourlémont fit, avec Henri IV, comte de Bar, un traité par lequel il lui cédait cette forteresse, à charge par lui d'en réparer les fortifications. Le comte y fit aussitôt entrer des troupes, qui y travaillèrent avec tant de diligence, qu'au bout de six semaines, la place se trouva en état de défense, et dès lors la garnison barrisienne commença à faire des courses sur les terres de Lorraine.

Le duc Raoul, devenu majeur, entra en guerre avec le même Henri, comte de Bar. Il fit parler à l'évêque,

(1) *Histoire de Toul.*

le menaça, l'intimida et l'obligea à renoncer au traité qu'il avait fait avec le comte et à en passer un nouveau avec lui. L'évêque fit sortir par stratagème les troupes barrisiennes qui étaient dans Liverdun et y fit entrer celles de Raoul; mais elles n'y demeurèrent pas longtemps. L'évêque traita une seconde fois avec le comte de Bar et introduisit les soldats de ce prince dans Liverdun, après en avoir tiré les Lorrains par artifice. Ces variations continuelles du prélat déplurent même à Henri, qui s'accommoda avec le duc de Lorraine et demanda à l'évêque la restitution des frais de la guerre qu'il avait suscitée entre lui et Raoul. Thomas de Bourlémont fut obligé de payer six mille livres au comte (1).

(1) La dame Mainbourge (c'est-à-dire régente), Isabelle d'Autriche, femme de Ferri IV, avait requis et voulut que le châtel de Liverdun, qui apportait gène et grand dommage à ceux qu'estoient de Lorraine, fût rasé et déconfit. Ce fut fait ainsi *sans dire gare* à qui ce soit. Thomas de Bourlémont, évêque de Toul, à qui ce bourg appartenait, ne put endurer chose pareille; il fit un traité et pact avec ceux de Bar, et fut, par accord, ledit Liverdun mis en mouvance et mains du comte évêque, et fut le châtel, ainsi qu'avait été entre iceux réglé et promis, refait et parfait, et n'y manqua chose quelconque; furent engeins de guerre mis en tel point que fut grand dépit à Monseigneur Raoul, et ne put s'en tenir qu'il n'en tien vengeance: pour ce fut envoyé en la ville de Toul certain brave et loyal serviteur qu'on nommait le capitaine Brunet, qui avait en sa suite quarante qu'estoient de son choix, et fut par lui l'évêque Bourlémont averti et promis qu'il serait couru sus en son bien et revenu, si n'estoit li châtelet dudit Liverdun incontinent remis à Monseigneur. De ce fait qui fut bien esbahi? Ce fut li Bourlémont et qu'avoient, ainsi que li, malin vouloir de porter trouble et dommage dans la duché. (*Mémoires* de Thiriat.)

Thomas de Bourlémont accorda au monnoyeur Chandrin le droit de frapper toutes sortes de monnaies blanches à son coin, à Liverdun et à Brixey (1), et même au coin des seigneurs et des évêques étrangers, lui défendant seulement de contrefaire celles du roi de France et du duc de Lorraine.

Le même évêque fit construire le château-fort de Mézières et la tour de Liverdun.

Henri de Ville-sur-Illon, évêque de Toul (1409-1436), fit réparer les forteresses de Blénod, de Brixey, de Mézières et de Liverdun (2), que le temps avait en partie détruites, et les mit en tel état qu'on les tenait pour imprenables. Ce prélat mourut à Liverdun, le 12 mars 1436, et fut inhumé dans l'église, près du grand autel, entre la chapelle de saint Pierre et le tombeau de sainte Aphronime.

(1) *Histoire de Toul.*

(2) Les plaids de l'évêque se tenaient à Liverdun, à Blénod, à Mézières et à Brixey (*), villages ou bourgs qui devinrent plus tard les chefs-lieux des châtellenies de leurs noms. Les chanoines exerçaient aussi dans leurs terres un droit de juridiction. Void, Vicherey et Villey-St.-Etienne étaient les siéges de leur justice seigneuriale.

(*) Brixey, en latin *Brixeium*, surnommé Brixey-aux-Chanoines, est un village sur la Meuse, dans le canton de Vaucouleurs. Les évêques de Toul en ont été les seigneurs temporels, sous la souveraineté de la France, depuis Pierre de Brixey, qui légua à son église ses droits patrimoniaux sur cette terre. Brixey avait, dans le moyen-âge, un château fortifié avec une haute tour, dont s'emparèrent les troupes bourguignonnes pendant la guerre entre Charles-le-Téméraire et René II. (*Histoire de Toul.*)

Louis d'Haraucourt, évêque de la même église (1437), fortifia aussi, à grands frais, les châteaux de Brixey et de Liverdun, dont il restaura la maison épiscopale, à laquelle il ajouta de nouveaux ouvrages (1).

Guillaume Filâtre (1451) travailla à réduire les bourgeois de Toul, que n'avait pu dompter son prédécesseur, Louis d'Haraucourt ; mais il n'y réussit pas. Il trouva un peuple mutin qui se souleva contre lui, lui refusa toute obéissance et menaça, en sa présence, de tuer son receveur-général. Le prélat quitta la ville et se retira dans le château de Liverdun, où il transféra son officialité, obligeant, par les censures, les officiers de ce tribunal d'y faire leur demeure. Ce châtiment ne rendit pas la bourgeoisie plus traitable : elle brisa les portes des prisons ecclésiastiques et en fit sortir les détenus. L'évêque, de son côté, supprima la justice de Toul, cassa la magistrature, excommunia les bourgeois et mit la ville et les faubourgs en interdit. Pour rendre la punition plus éclatante, il conféra la charge de maître-échevin à un simple bourgeois de Liverdun, et l'envoya à Toul pour y exercer sa juridiction ; mais les habitants, au lieu de le recevoir avec le respect et les cérémonies accoutumées, le conduisirent dans les prisons épiscopales, d'où il ne sortit qu'après avoir prêté serment de ne point reconnaître Guillaume pour sei-

(1) C'est ce même Louis d'Haraucourt qui est auteur de si *piquants* Mémoires sur l'histoire de Lorraine.

gneur temporel. Alors les bourgeois, tourmentés depuis longtemps du désir détablir chez eux un gouvernement républicain (1), secouèrent le joug de la domination ecclésiastique, et, dans une assemblée générale, décrétèrent qu'ils ne recevraient jamais l'évêque dans la ville et n'en permettraient pas même l'entrée à ses officiers. La querelle fut portée devant l'empereur, qui se prononça en faveur de Guillaume et obligea les bourgeois à lui demander pardon; ce qu'ils firent le dernier jour d'avril 1451. Mais la paix ne dura pas longtemps, et ce ne fut que vers 1453 que le pape parvint à réconcilier les ouailles rebelles avec leur premier pasteur.

Guillaume Filâtre bâtit à Liverdun un lieu propre à garder les chartres de la manse épiscopale cette construction lui coûta cinq cents florins.

(1) Les Toulois crurent la circonstance favorable pour établir chez eux un gouvernement républicain, et pour ne plus reconnaître le pouvoir épiscopal que sous le rapport spirituel. Leurs pères avaient tenté plusieurs fois une semblable entreprise, et n'avaient pas réussi; les descendants espéraient être plus heureux. La question de l'établissement d'une république, sous le patronage de l'empereur d'Allemagne, fut posée et débattue dans une assemblée générale, non seulement des quarante notables qui formaient le grand conseil de la cité, mais de tous les citoyens. Il y fut décidé que la ville de Toul cesserait d'exister sous la domination ecclésiastique, qu'elle se gouvernerait par ses magistrats élus, et que jamais l'évêque Guillaume Filâtre ni aucun des officiers attachés à son service, ne remettraient le pied dans ses murs.

(*Histoire de Toul.*)

La nomination scandaleuse, à l'évêché de Toul, d'Antoine de Neufchâtel, jeune prince à peine âgé de douze ans, et qui montrait une vocation fort équivoque pour les fonctions épiscopales, fut le sujet de divisions générales en Lorraine. Les États, assemblés à Nancy, décidèrent que le duc écrirait aux chanoines pour les inviter à déposer leur évêque et à en élire un autre, par la raison que le prélat n'avait pas satisfait aux conditions stipulées dans ses bulles et dans le serment prêté par lui à sa prise de possession. Thiébault de Neufchâtel, maréchal de Bourgogne et père du prélat, outré de cet affront et de celui qu'il avait reçu récemment à Epinal, dont les habitants avaient refusé de le recevoir, quoique cette ville lui eût été donnée par Louis XI, épiait l'occasion de s'en venger sur le duc de Lorraine, qui avait été plus heureux que lui. Il réunit donc une troupe d'aventuriers, pénétra en Lorraine par le Luxembourg et vint mettre des garnisons bourguignonnes à Brixey, Mézières et Liverdun, dont Antoine de Neufchâtel lui avait ouvert les portes. Le prince Nicolas, fils du duc Jean, se mit en campagne pour arrêter les dévastations que ces étrangers commettaient dans le pays. Il ne fut pas heureux d'abord, mais ayant assemblé de nouvelles troupes, il marcha contre Toul dont il menaça de brûler les faubourg si on ne lui en ouvrait les portes. Il se retira aux prières des habitants, mais il enleva les châteaux de Void et de Mézières.

Cependant les Bourguignons continuaient de ravager la province, pillant et brûlant les villages ; ils attaquèrent et prirent Condé. Le conseil de Lorraine envoya contre eux le maréchal de Fénétrange. Celui-ci amassa du monde, prépara de l'artillerie, fit fortifier la ville et le château de Frouard, dont Louis XI venait de remettre l'hommage à Jean II, en raison des services que ce prince lui avait rendus pendant la guerre dite du *Bien public*, et, de là, il tint la garnison de Liverdun en échec. Mais le duc de Lorraine lui ayant ordonné d'aller investir cette place, il en vint faire le siége. Le château était bien fortifié, muni de toutes sortes de provisions et pourvu de tout ce qui était nécessaire pour une longue et vigoureuse résistance. Il était défendu par Rolin de Castres, châtelain de Châtel. Pendant que Jean de Fénétrange était occupé au siége de Liverdun, le bailli de Versigne, de la comté de Ferrette, vint à passer par les bois de Heys; les Lorrains l'attaquèrent, le battirent et lui enlevèrent sa bannière, qui vint décorer Saint-Georges (1).

(1) Cette bannière portait une licorne ouvrée richement, à l'entour disoit : *A moi ne tien.* (*Chronique de Lorraine.*)

La même *Chronique* ajoute, en parlant de l'attaque de Liverdun par le maréchal de Fénétrange « qu'estoit fier comme ung lion » : « Il les assiégea de si près, que de la bombarde et autres artilleries, tours et murailles en alloient par terre. Ceux de dedans veoient qu'ils estoient gens perdus, firent appoinctement, sauf leurs corps et leurs biens. Quand tous en armes fureut, prinrent congié de l'armée des Lorrains, laissèrent lad. Liverdun au mareschal de Fénestrange

Enfin, après six semaines, la ville fut emportée. La garnison, qui était forte de 400 hommes, demeura prisonnière de guerre et fut envoyée à Nancy ; les habitants furent chassés de leur ville, leurs murailles détruites et le château rasé ; Liverdun fut abandonné au pillage, et les soldats y mirent le feu, qui gagna bientôt les archives de l'évêché ; le maréchal arriva trop tard pour arrêter l'incendie, et ne put sauver qu'un tiers des papiers, qu'il fit porter dans l'église de St.-Georges, à Nancy.

Liverdun fut pris le 16 septembre 1467 (1).

Le château de Liverdun ne fut pas rétabli depuis sa ruine à cette époque. Le roi Louis XIII avait ordonné

et à toute la chevalerie, lesquels par conseil firent incontinent abastre le chasteau et murailles, et demeura comme *ville champestre ;* l'église et les maisons en leur estre demeurans ; les habitans leurs biens perdirent ; ils furent prins au corps, pour estre quicte payèrent grande rançon... Et les Bourguignons congnurent bien que les Lorrains estoient gens de guerre.

(1) On raconte que, pendant ce siége, on vit un Bourguignon, à l'exemple des anciens preux, s'approcher des murs et venir demander s'il n'y avait pas dans la place quelqu'un qui voulût rompre une lance pour l'amour de sa dame. (*Histoire de Pont-à-Mousson.*)

La *Chronique de Lorraine* mentionne un fait pareil arrivé au siége de Charmes, en 1471.

Philippe de Vigneulles rapporte qu'en 1482, un Liverdunois s'étant pris de querelle avec un des soudoyeurs au service de la ville de Metz, ils se défièrent et se donnèrent des gages pour combattre en champ-clos. Le sixième jour de mai, ils se rendirent au Champ-à-Seille, théâtre ordinaire de ces sortes de joûtes, et entrèrent dans la carrière, accompagnés de leurs parrains et des gens préposés par la ville au maintien du bon ordre. Le bruit des trompettes ayant qu'on fortifiàt ce lieu, mais on n'a ni achevé ni entretenu ses fortifications.

Pendant les guerres qui désolèrent l'Europe sous les règnes de François I.er et de Charles-Quint, Hector d'Ailly, évêque de Toul (1525-1552), mit la forteresse de Liverdun entre les mains du duc Antoine, afin d'empêcher que les troupes de France ne s'en emparassent, et Philbert d'Haraucourt en fut nommé gouverneur. Mais, grâce à la politique sage et conciliatrice du duc de Lorraine, cette province jouit d'une tranquillité parfaite au milieu de l'embrasement général.

Après l'entrevue inutile que le cardinal Nicolas-François et Louis XIII avaient eue à Pont-à-Mousson, à la suite des armements clandestins faits par Charles IV en faveur de l'empire, et la défaite d'un régiment de cavalerie lorraine près de Saint-Mihiel, le roi de France vint à Liverdun, apparemment, dit D. Calmet, pour y

donné le signal, les deux champions s'avancent la lance en arrêt, s'attaquent avec impétuosité et se choquent avec tant de violence, que leurs lances volent en éclats. Ils mettent à l'instant l'épée à la main. Le combat devient aussi long que sanglant; les becs de faucon et les massues de plomb succèdent à l'épée; enfin les coups qu'ils se portent sont si rudes, que la bannière du Messin en est abattue. Aussitôt le Liverdunois saisit une pique, qu'il cherche à lui enfoncer dans la gorge; mais, la tête baissée, le Messin serre fortement la courroie de sa bannière entre ses dents pour empêcher que son cou ne reste à découvert, et rend par son adresse les efforts de son adversaire inutiles. Les seigneurs alors terminèrent le différend. Ce combat, qui dura plus de deux heures, avait attiré à Metz un concours prodigieux de spectateurs.

passer la Moselle, car il n'y avait pas alors de pont à Frouard. De là il devait s'avancer vers Nancy, qu'il avait le projet d'investir. Dans cette extrémité, Charles IV envoya de Ville, premier gentilhomme de la chambre, et Jannin, secrétaire d'état, faire des soumissions à Sa Majesté et lui offrir toutes sortes de satisfaction. Par le traité qu'ils conclurent avec le Roi, le 26 juin 1632, celui-ci s'engageait à rendre au duc le château et la ville de Bar et ceux de St.-Mihiel et tout ce qu'il avait conquis depuis son entrée en Lorraine, à condition que Charles remettrait entre ses mains, pour quatre ans, les villes et châteaux de Stenay et Jametz, avec les munitions et l'artillerie qui s'y trouveraient, et qu'après ce terme expiré, le Roi les rendrait de bonne foi et dans le même état au duc; que, moyennant l'évaluation qui s'en ferait au denier cinquante, le duc céderait au Roi Clermont en Argonne; que, dans un an, Charles ferait hommage au Roi pour le duché de Bar; que le duc observerait religieusement les cinq premiers articles du traité de Vic; qu'il joindrait ses armes à celles du Roi dans toutes les guerres que celui-ci pourrait entreprendre, et qu'il donnerait un passage libre aux troupes de France quand on le lui demanderait.

On sait comment Charles IV fut fidèle au traité de Liverdun, auquel il n'avait acquiescé que par force. Ses troupes quittèrent bientôt la bannière de France pour se ranger sous celle d'Autriche; celles qu'il avait promises au maréchal d'Effiat se dispersèrent dans peu de jours, et il n'en resta qu'un régiment. Enfin, Charles fit un traité avec l'empereur, et il alla même jusqu'à changer la marche de ses troupes ; elles battaient à la française, il les fit battre à l'espagnole. C'est à ce propos que furent faits les vers suivants :

Tu fais à tes tambours une étrange leçon :
Mon ayeul et les tiens battaient d'une façon,
Et vivaient bons amis, sans querelle ni noise.
Ce change te fait mal, mais à qui t'en prends-tu ?
Battant comme tu fais, tu demeures battu ;
Crois-moi, tu ferais mieux de battre à la française.

Cette simple circonstance, toute futile qu'elle était, ne fit qu'accroître l'aigreur de Louis XIII contre Charles, et amena pour ce prince de nouveaux malheurs.

Lorsque, après le traité des Pyrénées, Charles IV eût été remis en possession de ses états, la chevalerie lorraine, corps puissant et auguste, réclama les priviléges dont elle avait été injustement dépouillée (1), malgré

(1) Les tribunaux souverains de Lorraine, les Assises et le Parment de Saint-Mihiel, avaient été supprimés.

Les plaids tenus en Lorraine depuis Gérard d'Alsace, ont été connus sous le nom de Tribunal des Assises, qui a subsisté près de 800 ans dans cette province. Les chevaliers avaient seuls le droit d'y assister, ce qui leur donnait aussi l'entrée aux Etats de Lorraine. Pendant la durée des Assises, leur personne était sacrée et aussi inviolable que celle du souverain, et leurs biens étaient insaisissables jusqu'à leur retour. Cette juridiction embrassait toutes les matières féodales, soit entre le prince et ses vassaux, soit de vassaux à autres.

sa fidélité à toute épreuve. Afin de délibérer plus librement, les chevaliers s'assemblèrent à Liverdun, ville indépendante de la Lorraine, et créèrent des syndics et des promoteurs pour agir au nom de tous. Charles IV, informé de cette réunion, établit deux chambres de parlement, l'une à Saint-Mihiel, l'autre à Saint-Nicolas, et les fit agir, par arrêt, contre les membres de cette assemblée. Le baron de Saffre, l'un des principaux promoteurs, fut condamné à sortir des états dans huit jours, avec toute sa famille. Le comte de Ludres et quelques-uns furent consignés dans leurs châteaux, sous la garde de soldats qui y vivaient à discrétion ; les autres, appréhendant un pareil châtiment, s'éloignèrent pour laisser passer l'orage.

Malgré ce traitement sévère, la noblesse ne se rebuta pas ; de nouvelles requêtes furent présentées par elle ; mais elle n'obtint, en échange, que de vaines et illusoires promesses qui n'eurent point de résultat. Sollicités par Louis XIV de s'allier avec lui contre leur souverain, à charge de reconquérir tous leurs priviléges, les chevaliers restèrent fidèles au duc, en dépit de son injustice. Ainsi, pendant que la France arrachait par lambeaux les débris de sa souveraineté, Charles IV ne craignait pas de mécontenter encore une aristocratie redoutable à qui ses prédécesseurs avaient dû plus d'une fois le salut de leur trône: ce prince inconséquent marchait en aveugle à sa ruine, et préparait en même temps la ruine de la vieille nationalité lorraine (1).

(1) En 1641, Charles IV, rendu à ses peuples qu'il avait aigris par ses traités avec la France, par ses inconséquences, fut encore accueilli, parce qu'ils ne virent en lui que le sang de leurs anciens souverains. Toujours insouciant, ce prince se souvint à peine des sacrifices multipliés que ses peuples lui avaient faits, des secours qu'ils lui avaient donnés dans son malheur. Louis XIII et le cardinal-ministre, en supprimant les tribunaux souverains de la Lorraine et du Barrois, n'avaient écouté que les conseils de la vengeance, n'avaient peut-être cru suivre que le droit des armes : Charles IV fut plus injuste. La suppression des Assises et du Parlement de Saint-Mihiel était le fait d'une guerre malheureuse, le refus de les rétablir fut celui de l'ingratitude. Par édit donné à Epinal, le 7 mars 1641, Charles établit un seul tribunal supérieur pour les duchés de Lorraine et de Bar, sous le titre de Cour souveraine. Ce tribunal, composé d'une partie des membres de l'ancien Parlement de Saint-Mihiel, qui avaient eu le courage d'administrer la justice au nom du duc à Sierk, à Luxembourg, où ils s'étaient réfugiés pendant les troubles, méritait la considération que l'on doit à la vertu des membres qui le composèrent; mais il n'était encore que le simulacre des tribunaux supérieurs de la nation, *il n'était pas consenti par elle.* La noblesse, assemblée à Liverdun, protesta contre la suppression des Assises. Le baron de Saffre, porteur de ses représentations à Charles IV, reçut ordre de sortir des états dans huit jours, et de vendre tous ses biens dans trois mois. A cet acte de despotisme, la noblesse répondit en s'assemblant de nouveau à Pont-à-Mousson. Elle avait à sa tête le comte de Brione, de la maison de Tornielle; il fut trouver le duc à Bar, l'y somma de remplir ses serments. La requête de la noblesse fut remise au prince même. Elle était signée de tous les membres de l'ancienne chevalerie. Leurs signatures y étaient inscrites sous la forme d'un cercle, pour éviter toute espèce de distinction entre la première et la dernière. Le prince, oubliant ce qu'il devait à sa noblesse, la réduisit à la nécessité de lui laisser entrevoir qu'elle pouvait renoncer à lui, puisqu'il avait renoncé lui-même à la nation par ses traités, et qu'elle appellerait au trône son neveu Charles V. L'imprudence de Charles IV fut portée à son comble;

En l'année 1703, le dernier coup fut porté à la puissance de Liverdun. Son chapitre, qu'avait fondé, comme nous l'avons dit, l'évêque Pierre de Brixey, était toujours demeuré très-faible, et les évêques de Toul, en vertu des ordonnances du concile de Trente, avaient jugé à propos de le supprimer et d'en unir les revenus à leur séminaire de Toul. Le Parlement de Metz, par différents arrêts, confirma la suppression de cette église collégiale. Les chanoines se pourvurent au conseil du Roi, qui, par arrêt du 15 octobre 1703, cassa les arrêts du parlement de Metz; mais M. de Bissy, évêque de Toul, eut le crédit de faire confirmer la suppression dudit chapitre et de le réunir à son séminaire.

Depuis cette époque, il est à peine question de Liverdun; la forteresse redoutable, le boulevard de la ville de Toul, devient une bourgade oubliée; la vieille cité meurt et s'ensevelit sous ses ruines. Soulevons donc maintenant la pierre de son tombeau, et voyons

il signa le traité de Montmartre, par lequel il cédait ses états à la France, au détriment des princes de sa maison. Le dévoûment des Lorrains pour le sang de ses souverains, se montra dans toute sa force dans cette circonstance critique. Louis XIV avait ses troupes en Lorraine; il proposa à la noblesse de la prendre sous sa protection, de lui confirmer ses priviléges. Elle préféra d'être fidèle à un prince, qui, par sa conduite, n'avait plus sur elle que le faible droit d'être né du sang de ses anciens maîtres; elle se contenta des promesses que les circonstances lui arrachèrent. Ces promesses demeurèrent sans effet. MORY D'ELVANGE.

Lettre d'un gentilhomme lorrain à un prince allemand.

Voir aussi les *Mémoires* du marquis de Beauvau.

ce qu'il reste encore de ces débris informes avec lesquels joue le temps, comme fait un enfant avec des osselets.

On arrive à Liverdun de deux côtés différents : un sentier pour les piétons traverse les bois depuis la Croix-Gagnée et vient aboutir au bord de la Moselle ; c'est la route la plus champêtre ; les caravanes pédestres peuvent faire halte à mi-chemin, dans ce délicieux endroit qu'on nomme la Belle-Fontaine ; on y déjeune à l'ombre des arbres, aux fraîches émanations de la source (1); l'autre route est celle dont je vous ai parlé ; en arrivant par la première, vous embrassez d'un coup d'œil tout le panorama de la belle vallée qui s'allonge depuis Frouard jusqu'à Liverdun ; la forteresse se dresse devant vous ; mais, de ce côté elle offre un aspect bâtard (2), si je puis m'exprimer ainsi ; c'est un village et un château-fort ; une longue file de maisons, avec leurs toits rustiques, sert d'avenue à la partie supérieure où se trouvent les ruines ; vous avez le temps, en gravissant la rue en pente qui conduit à ce qu'on

(1) Cette source est située près de l'endroit qu'on nomme vulgairement les Fonds-Saint-Barthélemy. C'est là, s'il faut en croire la tradition, que des impies mirent à mort Arnou, archevêque de Trèves, fils de la comtesse Eve, fondatrice du prieuré de Lay. Il y eut dans ce lieu une église et un village, remplacés dans la suite par un hermitage qui subsista jusqu'en 1636. (*Notice de Lorraine.*)

(2) Actuellement, les nombreuses barraques construites pour les ouvriers employés au canal, ajoutent quelque chose de pittoresque à la prairie qui sépare Liverdun de la Moselle.

appelait autrefois la ville haute, de perdre toutes les pensées poétiques sur l'aile desquelles vous êtes venu accomplir votre pèlerinage d'artiste; la fleur d'inspiration que vous veniez faire éclore se fane et meurt aux exhalaisons des fumiers qui bordent quelquefois la rue principale, au milieu de laquelle vous êtes encaissé sans pouvoir découvrir l'horison. Prenez plutôt, croyez-moi, le chemin qui côtoie le village, car c'est de ce côté que Liverdun a le plus conservé de sa physionomie moyen-âge; là aussi vous voyez en présence les ruines du passé et les espérances de l'avenir: des murailles qui s'affaissent et croulent sous le poids du temps, tandis que la main hardie de la civilisation entrouvre la terre, et du ravin que la nature a creusé la première, elle fait le lit d'un canal. Ecoutez les chants des travailleurs, le bruit de la pioche et du ciseau, les éclats de la mine qui fait voler dans l'air des débris de rocher, puis regardez devant vous cette montagne qui domine le ravin; dans quelques jours, de ses flancs entrouverts s'élanceront à flots pressés les eaux d'une seconde rivière, et des bateaux, sortant comme par miracle de son sein, aujourd'hui masse énorme et pierreuse, descendront paisiblement la route nouvelle qu'on leur aura tracée, pour aller porter de province en province les richesses du commerce et de l'industrie. Poëte, levez les yeux et rimez quelques stances sur cette tour qui tombe pierre par pierre, sur ces murailles grisâtres, tapissées de lierre et de mousse, de fleurs sauvages, et d'arbustes au feuillage vert; là, tout est souvenir, inspiration pour vous, et votre imagination féconde, tirant du néant ceux qui ne sont plus, va les ressusciter, les animer de son souffle, les embellir de ces magiques couleurs qui naissent sous la plume ou le pinceau: homme positif, ne regardez qu'à vos pieds; peu vous importe à vous les chants inspirés du poëte, ses rêveries, ses regrets sur un monde passé depuis longtemps; s'il sort une hymne de vos lèvres, c'est une hymne d'actions de grâces pour cette divinité puissante qu'on nomme la civilisation, et dont le bras infatigable, renversant les obstacles qui arrêtent ses pas, fouille les profondeurs de la terre pour y chercher des trésors, élève de gigantesques monuments, brise les rochers comme nous brisons nos jouets d'un jour, et, pareille à celui qui conduisit jadis les enfants d'Israël, fait jaillir un fleuve des flancs d'une montagne.

Je vous l'ai dit, peu de paysages sont aussi pittoresques, aussi magnifiques que celui qui s'offre à vos yeux ravis, lorsque vous êtes arrivé au faîte du chemin; il vous semble passer tout-à-coup des ténèbres à une lumière éblouissante, d'un horison rétréci à un horison immense; votre premier mot est un mot d'admiration; votre première pensée, une pensée religieuse qui vous fait lever les regards au ciel et remercier le Créateur des merveilles qu'il a semées à pleines mains sous vos pas.

Vous avez franchi la porte, vous êtes dans l'enceinte

de la vieille forteresse. A gauche, sur le sommet d'une tour à moitié croulée et qu'on a comblée de terre, est un jardin où croissent paisiblement des légumes et des arbres; à droite, une maison que l'on nomme encore la maison du gouverneur; à sa toiture en talus, à la coupe des fenêtres, aux sculptures qui décorent la porte, à l'écusson brisé qui la surmonte, à cette couleur de vétusté empreinte sur toutes les pierres, vous reconnaissez une habitation moyen-âge. A l'intérieur, tout pavé de dalles, sont encore quelques vastes salles à physionomie gothique, de ces larges cheminées sous lesquelles venait s'abriter le châtelain après une chasse ou un combat, pour sécher ses vêtements trempés de pluie ou faire panser ses blessures. Là, ont retenti les aboiements de la meute se préparant à la curée; là, autour d'une immense table, le maître de céans a donné plus d'un de ces gigantesques festins près desquels nos repas sont des repas d'enfants. Il ne tiendrait qu'à moi de peupler, par l'imagination, ces lieux de leurs anciens hôtes et de les mettre à la place de ces hôtes nouveaux que n'éveille jamais un écho du passé; je pourrais vous faire assister à plus d'une scène d'amour ou de sang, évoquer les ombres les plus souriantes comme les plus terribles; vous glacer de frayeur au récit de quelque épouvantable légende, ou vous dire le refrain d'une tendre ballade... Mais, qui sait les noms de ceux qui ont marché sur les dalles que nous foulons avec indifférence à nos pieds; qui se rappelle les exploits de ces héros inconnus dont la tombe pave peut-être la modeste demeure d'un villageois ? L'oubli a passé sur eux comme il passera sur nous tous, et leur gloire est un mot que pas une bouche ne répète...

Un large escalier en pierre conduit du haut en bas de la maison, et se termine par une poterne, cachée sans doute autrefois par des massifs d'arbres, et qui donne sur les jardins. Vers le milieu de cet escalier, dans une espèce d'encoignure formée par la muraille, est un siége en pierre, placé vis-à-vis d'une meurtrière. De là, l'œil braqué comme sur le verre d'un cosmorama, vous jouissez d'une superbe perspective : l'espace se déroule devant vous à l'infini ; vous ne découvrez que quelques langues de prairies, des montagnes et des forêts qui s'étendent au loin et vont perdre leur front dans les nuages ; pas un bruit du village n'arrive jusqu'à votre oreille ; vous n'entendez que le brisement des flots de la Moselle, le murmure du vent dans les peupliers des îles ou dans les arbres du verger. C'est là peut-être que venait s'asseoir la noble et belle châtelaine, pour lire sa destinée dans le grand livre du ciel, interroger son étoile, ou bien écouter une voix chérie dont les chants amoureux montaient jusqu'à elle... Qu'il y a de charmes et de poésie dans les souvenirs ; comme l'imagination moissonne à pleines mains dans ce champ couvert d'épis et de fleurs ! Malgré vous, vos pas semblent s'enchaîner au sol ; vous écoutez comme si des bruits étranges allaient retentir, comme si l'oracle de ces lieux allait vous révéler quelque mystérieuse histoire ; vos pas, en résonnant sur la pierre, ont un langage que vous croyez comprendre ; on dirait que tout parle autour de vous, les murs noirs et lézardés, les dalles ébréchées, les portes vermoulues, les voûtes décrépites qui s'élèvent au-dessus de vos têtes ; tous ces objets ont un parfum poétique qui vous enivre...

Nous voilà sur la place de l'Eglise... L'arbre planté devant le portail nous rappelle ces ormes séculaires à l'ombre desquels venaient s'asseoir nos ayeux et regarder s'ébattre devant eux la jeune et heureuse génération dont ils étaient les patriarches et les rois... Hélas ! chaque jour la civilisation efface les mœurs d'autrefois ; elle souffle sur nos vieilles et naïves croyances et les disperse comme fait le vent d'automne des feuilles des arbres, des fleurs de la prairie. Les temps de crédule et religieuse innocence passent ainsi que les temps de barbarie ; les villages, les hameaux même, ne sont plus de calmes, de saintes retraites ; la vie des champs ne se retrouve pas plus sous le toit modeste du paysan, que sous les somptueux lambris du riche habitant des villes. Le vice s'est infiltré partout ; il est monté au cœur en nous enlaçant, de même que la plante parasite enlace l'arbre qu'elle fait mourir. Les vieillards de Liverdun viennent-ils encore appuyer leur tête blanchie contre le tronc centenaire de l'arbre traditionnel ; les jeunes gens dansent-ils en rond sous l'ombre de son feuillage et mêlent-ils leurs cris joyeux à la voix de ses rameaux balancés par le vent?....

Avant de visiter l'église, pénétrons dans le presbytère ; entrons dans la demeure du serviteur avant de voir celle du maître. Un portail bas et massif, décoré d'enjolivures à fleur de pierre, si l'on peut s'exprimer ainsi, sert d'entrée principale à la maison de cure, jadis résidence des évêques de Toul, lorsqu'ils venaient à Liverdun se reposer des ennuis de la puissance ou demander un abri aux murailles de l'antique forteresse ; c'était à la fois pour eux une maison de plaisance et un lieu d'asile. Tout y est humble et modeste maintenant comme le pasteur qui l'habite, tout y respire une ineffable odeur de paix et de tranquille bonheur ; jamais demeure ne put être mieux choisie pour y accomplir la belle mission du prêtre : si, d'un côté, il bénit Dieu au spectacle continuel de ses œuvres, de l'autre, combien il peut méditer sur le néant des choses de ce monde, en se voyant, lui , le dernier ministre du Seigneur, dans le palais qu'habitèrent avant lui de nobles et puissants prélats ; ne doit-il pas, par moments, en présence de cette nature si magnifique, étalée devant lui, sur sa tête, à ses pieds, partout, se livrer à ces ravissants transports qu'inspirait la foi? Un parterre, planté de fleurs, sert comme de vestibule au presbytère et est encadré de tous côtés par des murs ; les appartements sont vastes et grandioses ; la première salle dans laquelle on pénètre est ornée de plusieurs portraits en plâtre , incrustés dans le mur; leur origine ne paraît pas très-ancienne. Il y a quelques années, lorsque nous allâmes visiter Liverdun, le vicaire qui desservait la paroisse, jeune prêtre plein d'esprit et de cordiale affabilité, nous montra, dans le salon où il faisait les honneurs de sa résidence, de vieux fauteuils à dossier large et élevé, couverts d'une étoffe à dessins bizarres ; l'un d'eux avait, dit-on, appartenu au roi de Pologne. Quelques débris d'ameublement gothique existaient encore à cette époque dans le presbytère; mais ils en ont disparu à la mort du curé. Le jardin est disposé en différentes terrasses qui s'étagent les unes sur les autres, et semblent placées comme les gradins d'un amphithéâtre pour vous laisser admirer le superbe paysage qui se déroule à vos regards et qui captive à la fois tous vos sens; car il y a là nonseulement pour les yeux, mais encore pour le cœur ; le néant et la vie, le présent et les souvenirs. Malgré soi, se reportant, par la pensée, aux temps qui ne sont plus, on se demande ce que sont devenus ces fiers, ces orgueilleux métropolitains, moitié prêtres et moitié soldats (1), qui portaient d'une main la crosse et

(1) Il n'était pas rare, au moyen-âge, de voir des évêques se couvrir des armes du guerrier et figurer dans les combats. « Dès Charlemagne, dit M. Michelet, les évêques s'indignent qu'on leur présente la pacifique mule, et qu'on veuille les aider à monter. C'est un destrier qu'il leur faut, et ils s'élancent d'eux-mêmes. Ils chevauchent, ils chassent, ils combattent, ils bénissent à coups de sabre, *et imposent avec la masse d'armes de lourdes pénitences*. C'est une oraison funèbre d'évêque, *bon clerc et brave soldat*. » (*Histoire de France*, t. 2, p. 163.)

de l'autre l'épée? où sont les restes de leur puissance, et sur les ruines de cette ville dont ils étaient les souverains maîtres, où deviner seulement la trace de leurs pas ! Leur forteresse redoutable est maintenant un pauvre village, leur palais un presbytère, leur collégiale et leur chapitre, une simple cure desservie par un humble prêtre !.. L'église... on n'y découvre aucune empreinte de vétusté; les murs en sont blancs, les ornements ressemblent à ceux de toutes les églises de nos campagnes ; des stalles, en bois bizarrement sculpté, qui entourent le chœur, ont seules un cachet particulier, une physionomie moins jeune que le reste de la chapelle.

Dans le jardin de l'auberge qui avoisinait l'église, nous découvrîmes une pierre tumulaire placée dans un mur; l'inscription était en lettres gothiques, mais elle avait été mutilée au point de n'offrir qu'un hiéroglyphe indéchiffrable pour nous. Ce jardin servait sans doute autrefois de cimetière, ce que fait présumer sa proximité de l'église. Jadis la religion plaçait les morts à l'ombre de ses ailes, soit pour inspirer aux vivants de salutaires pensées d'un autre monde, soit pour donner à celui qui fermait les yeux la consolation de savoir qu'il dormirait près de ce qu'il avait aimé, et que la voix de ses proches, priant le ciel pour lui, pourrait quelquefois encore parvenir jusqu'à son oreille.

Suivez la rue placée à gauche de l'église, et vous arrivez sur une place entourée d'arcades, au milieu de laquelle se trouve un puits (1) d'une effrayante profondeur ; ses échos ne perdent pas un bruit, si faible qu'il soit, et de ses cavités s'élève perpétuellement un bourdonnement sourd comme celui que ferait un fleuve emprisonné dans les entrailles de la terre : on dit que ce murmure est celui de la Moselle, dont le fonds du puits atteint le niveau : cette place, c'est la place d'Armes, nom qui lui vient de son ancienne destination ; c'était là, sans doute, que se réunissaient les soldats de l'évêque, soit pour parader à ses yeux, soit pour se préparer à un assaut ou à un combat.

Il y a bien encore, dans l'enceinte de Liverdun, quelques ruines, quelques pans de murs, des portes et des fenêtres à construction gothique ; mais ce sont des débris informes sur lesquels le temps a effacé toutes les lignes de souvenirs qui y étaient écrites. Aussi, nous allons maintenant sortir du village et remontant la Moselle en bateau ou longeant la prairie, nous vous conduirons à la Grotte des Fées. Retenez votre imagination que je vois s'envoler déjà dans un monde de chimères ; ne vous attendez pas à pénétrer dans un palais enchanté, dans un de ces antres mystérieux habités par une divinité ; vous ne verrez ni le trépied sur lequel elle rendait ses oracles, ni la baguette magique dont les signaux étaient aperçus par des démons ou par des

(1) Celui creusé sans doute par l'évêque Pierre de Brixey, et dont nous avons parlé.

djines; la Grotte des Fées est tout simplement une excavation de rochers. La superstition a néanmoins entouré ce lieu d'un charme poétique; des légendes oubliées maintenant et dont un vieillard se rappelait encore, il n'y a que peu d'années, avoir jadis entendu le refrain, racontaient qu'une fée bienfaisante y avait fixé son séjour, et qu'invisible aux regards des profanes, elle ne se révélait que par les effets de sa puissance. Jamais, dit-on, les amants ne l'imploraient en vain; les jeunes filles venaient s'agenouiller en tremblant sur le seuil de sa sombre demeure et lui demandaient de toucher le cœur dont elles enviaient la conquête, ou de ramener à elles l'infidèle qui les avait délaissées; la bonne fée prêtait l'oreille à leurs prières et exauçait leurs vœux. Un pauvre chevalier, n'ayant de richesses que son épée, de trésor que son amour, s'était épris d'une noble dame, de haute et puissante lignée; il implora la fée de la Grotte, et le pauvre chevalier devint l'époux de la riche châtelaine.

Il est peu de provinces où ne se trouvent encore de ces lieux consacrés par la superstition, par une sorte de religion d'enfants à laquelle nos pères avaient foi et dont nous rions aujourd'hui; dans bien des bourgades, des traditions merveilleuses se sont perpétuées ainsi d'âge en âge, et l'on en célèbre fidèlement les anniversaires.

Notre tâche est finie: voilà Liverdun tel qu'il est, tel qu'il fut autrefois... A présent son avenir se préparé; la civilisation bat en brêche ses rochers, et l'industrie va sillonner ce sol qui lui était presque inconnu: au pied des murailles moyen-âge d'une forteresse, couleront bientôt les eaux d'un canal, dont le bruit ira réveiller dans leur tombe de vieilles ombres depuis longtemps endormies. Une vie nouvelle commence pour les habitants de Liverdun ; leur histoire ancienne est finie ; il y a un an que, devant une foule immense, s'est écrite la première page de leur histoire moderne... Et maintenant, quelle sera la destinée de leur bourgade?.. Hélas ! dans un siècle peut-être, le voyageur qui la parcourra ne trouvera plus, de ce que nous construisons aujourd'hui, que des ruines pareilles à celles que nous venons de visiter, accumulées, entassées sur des ruines plus anciennes !...

NOTES.

(1) Il est peu de routes qui, par la beauté des sites et la richesse des souvenirs historiques, soient plus agréables que celle qui mène de Nancy à l'ancienne forteresse de Liverdun.

Le premier village qu'on aperçoit après être sorti du faubourg, est Maxéville, si célèbre par l'emprisonnement du duc Ferri III dans la tour féodale de Drogon, et où, presque chaque année, l'on découvre encore des médailles romaines. A l'extrémité de la colline qui s'étend depuis ce village jusqu'à Champigneulles, est un endroit renommé par la légende à jamais populaire de la chapelle des Trois-Colas ; chapelle depuis longtemps détruite, et dont il ne reste pas même un vestige.

Ensuite, c'est Champigneulles, où, en 1225, Mathieu II perdit une bataille contre le comte de Bar. Les armées s'étant trouvées en présence, le combat fut bientôt engagé ; l'opiniâtreté et la valeur le rendit cruel : tout le monde y fit des prodiges de valeur ; mais l'infanterie lorraine, qui formait l'aile gauche, ayant été enfoncée, l'aile droite, qui n'était composée que de cavalerie, fut mise en déroute et prit la fuite. Le duc, l'épée à la main, voulut envain rallier ses troupes ; indigné, il jeta son casque à terre, arracha sa cravate, et prenant une pique des mains de l'un de ses officiers, nommé Frison, s'avança seul contre les ennemis, et allait être enveloppé, lorsque ce soldat fidèle le couvrit de son corps, et fut tué en criant : Respectez le sang de mon prince ! (Chévrier, t 1, p. 244.)

Voici ce qu'on lit à ce sujet dans les *Coupures de Bournon* (1): En li malencontreuse journée que fut donnée tout près de *Champigneux*, fut li Duc en grande malchance et li chevaucheurs qu'estoient en sa gauche ayant prins l'épouvante s'enfuirent en revers dos ; et li Duc, en grande crise et désespoir, ne volit onc porter li pot et harnois de maille qu'avoit sur le corps, mais print lance qu'arracha ez mains d'un sien soudart, et n'en fit à deux et se jetta en bien mittant de l'ennemi que l'enveloppa, et seroit li Duc occis d'autant qu'estoit à pied, quand un Messin soudard *qu'avoit nom Frisson*, posa son corps en avant, baillit sa vie pour celle du duc et chut à ses pieds, criant à tout l'Ost : *Par Dieu ! gardés de verser li sang qu'est là, sang est pur de mon maître !* Le Duc, par la perte de ce brave homme, qu'il honora de ses pleurs, eut le temps de se retirer à Gondreville, dont il fit rompre le pont et où il fut assiégé. (*Thiriat.*)

En 1407, le duc Charles II vengea dignement son ancêtre par la victoire qu'il remporta sur Louis d'Orléans, ligué contre lui avec le comte de Bar, l'évêque de Verdun, les comtes de Nassau, Salm, Saarwerden, Sarrebruck, le damoiseau de Commercy, les ducs de Mons et de Juliers. Après une infinité de ravages commis par eux dans le pays, les princes confédérés envoyèrent au duc un héraut d'armes pour le défier au combat et l'engager à leur préparer un dîner dans son palais. « *Je les y attends!* » répondit le duc de Lorraine à l'envoyé ; et, le lendemain, sortant de sa capitale, il marcha droit à l'ennemi, campé dans la plaine de Champigneulles. Le choc fut rude et le combat opiniâtre. Pendant l'action , la pieuse duchesse implorait le secours du ciel et faisait dans la ville une procession, où elle marchait nu-pieds. Enfin, les troupes du duc d'Orléans, qui formaient l'arrière-garde, n'ayant pas voulu secourir celles des princes alliés, la victoire se rangea sous les drapeaux lor-

(1) Volume in-4.°, dont nous devons la publication si importante à M. J. Cayon.

rains ; le maréchal de Luxembourg, les comtes de Sarrebruck, de Saarwerden, de Salm, et plusieurs autres seigneurs faits prisonniers, furent conduits à Nancy, d'où Charles II, après un accueil gracieux, les envoya dans plusieurs châteaux voisins. Il ravagea ensuite les domaines des seigneurs qui s'étaient ligués contre lui, et obligea le comte de Bar à lui demander la paix. L'évêque de Verdun, pour racheter ses terres du pillage, donna quatre cents livres en or.

(Bexon, *Hist. de Lorraine.*)

A droite, en quittant Champigneulles, s'élève le village de Bouxières où St.-Gauzelin, évêque de Toul, fonda, en 936, une abbaye de Bénédictines, fameuse, non-seulement par l'illustration de son chapitre, mais encore par le miracle de sa fondation et les prodiges qui s'y renouvelèrent depuis par les mérites du saint. Ces miracles sont racontés longuement dans l'*Office* des dames de Bouxières, que l'abbé Lionnais a fait imprimer à la suite de son *Histoire de Nancy*.

S'il faut en croire D. Calmet (1), on conservait, dans l'abbaye de Bouxières, un livre des Saints-Evangiles qui avait servi à l'évêque Gauzelin, ainsi qu'un peigne d'ivoire qui lui avait appartenu. On voit encore, sur la crête de la montagne qui domine le village, les débris d'une chaire en maçonnerie, d'où l'on prêchait autrefois les pèlerins qui venaient en foule dans cet endroit, et qui ne pouvaient trouver place dans l'église de l'abbaye. Ce pèlerinage, à peu près oublié maintenant, avait lieu le jour de la Trinité. La comtesse Eve, fondatrice du prieuré de Lay, est inhumée à Bouxières.

(D. Calmet, pr. p. 140.)

Pour obtenir le terrain sur lequel il bâtit l'abbaye de Bouxières, S. Gauzelin donna, dit-on, en échange, à Adalbéron, évêque de Metz, qui en était propriétaire, le bâton de l'apôtre S. Pierre, la besace de S. Materne et moitié d'un caillou qui avait servi au martyre de S. Etienne.

En 1477, le jour de la mémorable bataille de Nancy, le comte de Campobasse, qui avait trahi le duc de Bourgogne pour passer dans les rangs de l'armée de René, s'était emparé du pont de Bouxières, croyant y saisir Charles-le-Téméraire, s'il voulait gagner les terres de Metz. Mais on sait que ce prince trouva la mort sous les murs de la capitale de la Lorraine.

(1) *Notice de Lorraine*, p. 148.

En face de ce village on montre une tour, au milieu des bois, à laquelle se rattache une tradition du moyen-âge. On raconte qu'un chevalier correspondait de là, pendant la nuit, à l'aide de signaux lumineux, avec sa maîtresse que l'on tenait renfermée dans l'abbaye de Bouxières. Nous avons, il y a quelques années, publié cette légende sous le titre de : *la Tour du Chevalier*.

Après Champigneulles est Frouard, remarquable par son pont, et près duquel était un château fortifié, bâti par le duc Ferri, en 1271, pour tenir en bride le château de l'Avant-garde, appartenant au comte de Bar, et celui de Condé appartenant à l'évêque de Metz. Ces trois châteaux formaient comme un triangle et dépendaient de trois souverains différents, qui étaient presque toujours en guerre l'un contre l'autre. En novembre 1308, Renaud de Bar, évêque de Metz, s'étant ligué avec les comtes de Bar et de Salm, vint mettre le siége devant le château de Frouard. Thiébault assembla aussitôt toutes les troupes qu'il avait dans les environs de Nancy, et marcha aux ennemis. Leur armée, qu'il trouva rangée en bataille dans un vallon au-dessous de Frouard, qu'on appelait le champ Saint-Martin, l'effraya ; le bon ordre des troupes et la supériorité du nombre lui persuadèrent qu'il s'était trop avancé; mais Thiébault, qui joignait l'expérience au génie militaire, fit mettre pied à terre à sa cavalerie et s'empara d'une montagne garnie de pierres : telles furent les armes avec lesquelles les Lorrains combattirent; les ennemis, accablés par une grêle de cailloux, furent mis en déroute. La cavalerie, profitant du désordre dans lequel les ennemis se trouvaient, remonta à cheval et les poursuivit avec succès : les comtes de Bar et de Salm furent faits prisonniers dans cette confusion, et l'évêque de Metz fut obligé de demander la paix. (Chévrier, t. 2, p. 88.)

En 1350, sous la régence de Marie de Blois, duchesse de Lorraine pendant la minorité du duc Jean, son fils, les Messins, pour se venger des dégâts que les Lorrains avaient faits sur leurs terres, entrèrent en Lorraine et ravagèrent tout ce qui se rencontra sur leur route ; ils pillèrent le bourg et rasèrent le château de Frouard.

En 1434, sous le règne du duc Charles II, il y eut encore un combat entre Nancy et Frouard, dans lequel beaucoup de monde fut tué de part et d'autre. Un autre combat se donna auprès de Condé, entre les Lorrains et les Barrisiens, où ceux-ci eurent le dessous, et plusieurs d'entr'eux furent tués ou faits prisonniers. Le château de Frouard fut enfin démoli en 1633 par les ordres du roi Louis XIII, de même que la plupart des autres châteaux de la Lorraine. (*Notice de Lorraine*, t. 1, p. 401.)

En face de Frouard, est le village de Condé (maintenant Custines), dont le château fut bâti avant l'an 1260 (2), par Philippe de Florenges, évêque de Metz, prince de la maison de Lorraine. C'est à Condé que Desbordes, accusé de magie en 1625, fut mis à mort à la suite d'une procédure infâme, qui offre un horrible assemblage d'injustice et de cruauté.

Enfin, le dernier village que l'on rencontre avant d'arriver à Liverdun, est Pompée, au-dessus duquel s'élevait le château de l'Avant-Garde, et où, comme nous l'avons dit, eut lieu, avec des circonstances tout-à-fait miraculeuses, le martyre de S. Eucaire.

Nous terminerons cette notice par un récit succinct de la cérémonie qui a eu lieu à Liverdun (22 septembre 1841), lors de la pose de la première pierre du pont-aqueduc destiné à conduire les eaux du canal d'une rive à l'autre de la Moselle, à leur sortie du souterrain :

Une foule immense était accourue de toutes parts sous les murs de l'antique cité féodale dont l'industrie vient de prendre possession et où elle a planté son drapeau civilisateur. Les rives de la Moselle s'étonnaient de ce concours inaccoutumé, et la pittoresque vallée de Frouard s'était animée comme par enchantement. Il y avait, nous pouvons le dire, autre chose qu'un sentiment de vaine curiosité dans l'âme de cette population, d'ordinaire si insouciante : une pensée de progrès, d'avenir, de prospérité, l'agitait, et elle semblait, par une sorte de recueillement, témoigner de l'importance de l'événement qu'elle venait célébrer, et qui est une des phases de la grande et utile entreprise dont le mouvement industriel et commercial de nos contrées doit recevoir une nouvelle et vive impulsion.

M. Teste, ministre des travaux publics, était arrivé de bonne heure avec M. le préfet de la Meurthe, M. le général commandant le département et M. l'ingénieur en chef du canal. Des gradins disposés en face du pont devaient recevoir les nombreux invités ; mais ils n'ont pu être occupés, chacun cherchant un abri contre la pluie qui, depuis neuf heures du matin, tombait avec abondance. Aussi avait-on envahi la tente destinée au banquet, décorée élégamment de feuillages et de draperies aux trois couleurs.

Parmi les personnes présentes on remarquait MM. Moreau, de Vatry et Croissant, députés de la Meurthe ; M. le procureur-général et l'un de MM. les avocats-généraux à la cour royale, M. le président du tribunal de première instance de Nancy, M. le recteur de l'académie, MM. les colonels et lieutenants-colonels de la garde nationale et des régiments de la garnison, M. l'ingénieur en chef du département et presque toutes nos notabilités financières, administratives, etc.

A midi, le clergé, ayant en tête M. le vicaire-général du diocèse, en l'absence de M. le coadjuteur, s'est approché de l'estrade élevée sur le bord de la rivière et devant laquelle se tenait debout M. le ministre des travaux publics, entouré de M. le préfet de la Meurthe, de M. le sous-préfet de Toul, de MM. les ingénieurs du canal, et M. Dieulin a prononcé le discours suivant :

» Monsieur le ministre, Messieurs,

» C'est avec un bien vif empressement que la religion s'unit, en ce jour solennel, aux premiers représentants du pouvoir, pour encourager les efforts de l'homme, applaudir aux découvertes de son génie, célébrer les œuvres de sa puissance. Oui, c'est un juste hommage qu'on lui rend, en l'associant à la fête de l'inauguration du pont-canal de la Moselle. Elle aussi, qui semble n'avoir pour objet que le perfectionnement religieux et moral de la société, s'intéresse à la prospérité des arts et de l'industrie, et au bien-être matériel de l'homme. Y a-t-il un progrès, une invention utile, auxquels elle n'ait applaudi, et dont elle n'ait favorisé l'application au profit de l'humanité ? Il a bien compris toute la valeur des arts et des sciences, le christianisme, et il a su donner à leur développement le plus grand essor. N'est-ce pas lui qui, dans les guerres incessantes du moyen-âge, a sauvé du naufrage toutes les richesses littéraires de l'antiquité ; qui a arraché aux torches incendiaires des sauvages du Nord ou des disciples de Mahomet les feuillets épars de l'histoire, et les membres mutilés des anciens poëtes, philosophes, orateurs, etc. ! Les cellules monastiques, devenues alors le sanctuaire des lettres et le foyer de l'industrie, conservèrent et transmirent aux plus lointaines générations tous les nobles débris des sciences et des arts de l'Orient, de la Grèce et de l'Italie. Sans l'Eglise, la barbarie, s'avançant sur le monde pour tout démolir et tout brûler, menaçait l'intelligence humaine d'une éclipse totale, et c'en était fait de la civilisation. Et nos meilleurs artistes modernes, où se sont-ils formés ? N'est-ce point à l'école de ces peintres, sculpteurs et architectes chrétiens auxquels nous devons ces magnifiques basiliques qui sont la gloire des arts et l'orgueil des nations civilisées ?

» Et vous, savants ingénieurs dont nous ne venons pas moins ici admirer que bénir les travaux, n'avez-vous pas été devancés dans les merveilles de l'art, par ces religieux appelés *hospitaliers pontifes*, du nom de ces ponts qu'ils jetaient avec tant de hardiesse sur nos rivières et nos fleuves ? Avignon atteste encore, de nos jours, le zèle et les talents artistiques de ces bienfaisants cénobites. Ne craignez pas, Messieurs, que ces citations tendent à déprécier les œuvres de votre génie ; je viens, au contraire, proclamer, à votre gloire, qu'en acceptant pour modèles d'aussi pieux devanciers, les disciples ont dépassé leurs maîtres.

» La diffusion des lumières dans les rangs de la société ne nécessite plus aujourd'hui l'intervention du clergé dans les objets d'art et d'industrie ; mais en y prenant une part moins directe pour se circonscrire dans la sphère spirituelle de ses devoirs, il sera du moins toujours le premier à préconiser les merveilleuses créations du génie. Toujours alliée et amie de la société civile dont elle est la sœur, l'Eglise s'empressera de lui donner l'appui de son influence pour tout ce qui a rapport à la gloire et au bien-être national. C'est dans ce but qu'elle vient aujourd'hui appeler les bénédictions célestes sur les travaux de canalisation qui doivent, en réunissant la

Marne au Rhin, multiplier les échanges de nos produits industriels et agricoles, et rapprocher les populations du nord-est de la France par des rapports de bienveillance et de fraternité. Grâces immortelles soient rendues au gouvernement éclairé et paternel auquel nous devons cet inappréciable bienfait !

» Ministre du Roi, qui avez bien voulu honorer de votre présence cette fête si chère à tous nos concitoyens, agréez l'expression de nos remercîments les plus affectueux, et daignez déposer aux pieds de Sa Majesté, dont vous êtes ici le premier représentant, les hommages universels et la profonde gratitude de ses respectueux et fidèles Lorrains. »

Après ce discours, on s'est approché de la pierre et là ont eu lieu la cérémonie religieuse et l'invocation de l'officiant en faveur de l'entreprise. La musique du 52.ᵉ, placée à la tête du pont provisoire, s'est fait entendre ainsi que des décharges de mousqueterie.

M. Lucien Arnault, préfet de la Meurthe, a adressé alors ces paroles au ministre :

« M. le Ministre,

» Votre présence sur les bords de la Moselle nous est doublement précieuse ; elle est une récompense pour des travaux déjà faits, elle est un encouragement pour des travaux qui doivent se faire encore.

» Le coup de marteau que vous allez donner retentira dans ces contrées, si guerrières sous le règne de la victoire, si laborieuses sous celui de la liberté.

» Elles apprécient, M. le ministre, ce qui se fait dans l'intérêt de leur bonheur, elles reconnaissent que le travail compte aussi ses jours de gloire et qu'il est beau pour un peuple de faire ainsi succéder les chefs-d'œuvre impérissables de la paix aux immortels prodiges de la guerre.

» Veuillez porter au pied du trône l'hommage d'une reconnaissance qui deviendra si éloquent dans votre bouche et qui vivra inaltérable dans nos cœurs. »

M. Collignon, ingénieur en chef du canal, a pris ensuite la parole et s'est exprimé en ces termes :

« Monsieur le ministre,

» Malgré les fatigues d'un long voyage, rendu plus pénible par l'état de votre santé, malgré votre impatience de rentrer à Paris, où vous rappellent de si grands intérêts et de si grands devoirs, lorsque tout vous inviterait à rester sur les émotions puissantes des fêtes qui viennent de signaler votre passage en Alsace, vous avez voulu donner deux jours au canal de la Marne au Rhin. Hier, vous avez visité les souterrains d'Arschwiller, et aujourd'hui vous venez consacrer l'érection du pont-canal de Liverdun et présider à cette cérémonie, qui ne peut être que bien modeste après toutes les magnificences auxquelles vous venez d'assister. Grâces vous en soient rendues, M. le ministre. Votre présence sur nos ateliers raffermit notre confiance; elle dit assez tout l'intérêt que le gouvernement du Roi porte à nos travaux et elle donne à tous l'espérance d'un prochain retour à une activité si malheureusement paralysée par des circonstances déplorables.

» Le canal de la Marne au Rhin, vous le savez, M. le ministre, est une des plus grandes et des plus fécondes entreprises de l'époque actuelle.

» Tracé à travers des contrées fertiles, à portée d'immenses forêts, dans un pays où un si grand nombre de belles usines luttent avec tant d'efforts contre les difficultés et le prix élevé des transports, il a encore ce singulier avantage, peut-être unique jusqu'ici, qu'il traverse à angle droit, depuis le canal de l'Aisne à la Marne jusqu'au Rhin, huit communications navigables, rivières ou canaux, toutes très-importantes, qui existent, ou dont l'exécution est prochaine. Ainsi, M. le ministre, nous ne faisons qu'ouvrir aujourd'hui l'ère de travail et de prospérité qui attend ces belles contrées.

» Le canal de la Marne au Rhin, qui, seul et sans le secours de tous ses embrenchements naturels, doit rendre à la Lorraine et à l'Alsace de si importants services, n'est encore que le tronc d'un vaste système dont les rameaux viendront s'y rattacher dans un avenir très-prochain. D'ailleurs son influence n'est pas circonscrite aux limites de notre territoire, il doit étendre fort au-delà sa mission de paix et de civilisation.

» Ouvrant une communication navigable directe entre le Hâvre et

Strasbourg, il formera la ligne de transit la plus courte et de beaucoup la moins dispendieuse entre l'Océan et le Rhin supérieur, et il appellera prochainement par la France les rapports de l'Atlantique avec l'Allemagne méridionale. Ainsi, d'une part, il ajoutera à l'importance de nos ports de l'Océan et, il donnera à l'activité de notre marine un nouvel aliment, et d'un autre côté, il prépare, et pour un avenir qui ne peut plus être éloigné, cette grande opération de la jonction du Rhin au Danube, qui doit réaliser la plus belle navigation intérieure que l'Europe puisse posséder. Magnifique et féconde entreprise, qui préoccupait Charlemagne, et qui fixa l'attention du plus grand de ses successeurs. Car au milieu de sa lutte gigantesque avec l'Europe, et lorsqu'il amassait pour la France cette riche moisson de gloire militaire, qu'il ne sera donné à aucun peuple de surpasser, Napoléon méditait avec ardeur toutes les grandes créations de la paix, et son génie impatient en dotait la patrie ; il semblait qu'il vît constamment au terme prochain de ses travaux, cette ère de prospérité et d'activité bienfaisante dans laquelle nous entrons, et dont il ne devait pas jouir.

» Cette paix glorieuse, bienfaisante et féconde, il était donné à la sagesse et à la fermeté du Roi d'en doter la France et l'Europe ; l'histoire dira à travers quelles difficultés et quels périls : et ce sera la gloire du ministère où vous occupez une si grande place, que de l'avoir consolidée.

» Pour nous, M. le ministre, et ici je parle au nom de mes jeunes collaborateurs comme au mien, permettez-nous de vous dire que nous sommes heureux et fiers de contribuer, pour une part légère, dans les grands travaux qui nous sont confiés, à cette œuvre de civilisation, et veuillez croire que nous y consacrerons toute l'ardeur et tout le dévoûment dont nous sommes capables. »

Après la cérémonie, M. le ministre s'est tourné vers la foule rangée sur le pont provisoire et la rive droite de la Moselle, et, monté sur la pierre sous laquelle venaient d'être déposés les médailles et le procès-verbal, il s'est écrié de sa voix retentissante : « Pont-
» canal de Liverdun, la religion vient de te consacrer, moi je te
» fonde au nom et sous les auspices d'un Roi qui, pour le bonheur
» de la France, a cimenté l'union du pouvoir monarchique avec la
» liberté. *Vive le Roi !* » (Extrait du *Journal de la Meurthe*.)

www.ingramcontent.com/pod-product-compliance
Ingram Content Group UK Ltd.
Pitfield, Milton Keynes, MK11 3LW, UK
UKHW012104240726
13965UKWH00004B/1535

9 782013 037365